AF266928

S4
L b 124.

LA PREMIÈRE

AUX PARISIENS

LA PREMIÈRE

AUX PARISIENS

BIBLIOTHÈQUE NATIONALE
R. F.
IMPRIMÉS

« Qui donc criera : Vive la France?... »
(CHARLES VI, *Chroniques de France.*)

PARIS

IMPRIMERIE D'E. DUVERGER

RUE DE VERNEUIL, N° 4.

1848

LA PREMIÈRE

AUX PARISIENS

« Qui donc criera : Vive la France ?... »
(CHARLES VI, *Chroniques de France.*)

Coup d'œil rétrospectif sur la révolution de Février. — Politique géné-
rale. — Les dernières élections ; leur caractère, leur signification. —
M. Thiers. — Caussidière, Pierre Leroux, Proudhon. — Le prince
Louis Napoléon Bonaparte. — La République ne peut périr. — Le
Socialisme et la Classe Moyenne. — Ce qu'il faut en temps de révo-
lution ; — ce qui manque en ce moment.

Les événements se précipitent, le drame s'agrandit, les
situations se dessinent, et c'est à peine si les mille voix de la
presse, cet immense écho de la rue, du comptoir et de l'ate-
lier suffisent à l'impatiente ardeur d'une révolution en
travail !

Trois mois nous séparent déjà du grand mouvement
de février, et quel chemin parcouru depuis lors ! que de
péripéties, quelle altération profonde dans la physionomie
générale du pays, sans que la révolution ait cependant un
seul jour perdu sa voie, ralenti sa marche ! — Les corrup-

tions du dernier règne nous laissèrent aux prises avec d'immenses difficultés; on s'en aperçoit à cette heure, on le remarquera bien mieux à l'avenir. La foule des *habiles*, que rien ne déconcerte, se précipitant par la grande brèche que le peuple a rendue pour longtemps praticable dans les hautes régions du pouvoir, est dominée en ce moment par un soin unique : *rendre aux choses leur cours un moment interrompu, et ressaisir partout les positions de la veille.*

Ainsi les harpies s'abattaient sur le festin des dieux et des héros pour communiquer aux mets les plus exquis une repoussante odeur.

Et cependant, quel immense retentissement que celui de notre dernière révolution d'un bout de l'Europe à l'autre! quel courant électrique du nord au sud, de l'orient à l'occident! quel trouble apporté pour longtemps dans l'équilibre européen et dans l'allure des sociétés modernes! que de questions d'empire, de constitution, de haute économie sociale soulevées, parce qu'à un moment donné le peuple de Paris, peuple intelligent, si parfaitement doué d'initiative, est venu se ruer sur le pouvoir royal, oublieux de son origine, et le rejeter au loin! —En ce moment, que de trônes mal étayés, que d'États en voie de décomposition; que de luttes vivement engagées! et cela jusqu'à ce que l'humanité ait reconquis à peu près partout dans le vieux continent ses titres, ses droits imprescriptibles!

Étonnez-vous dès lors qu'après la révolution de février cette République, que déclaraient *impossible* ceux qui ne voyaient pas au fond des choses, ait été de plus en plus résolûment acceptée par les esprits doués de quelque intelligence. Ceux qui la virent le plus à regret s'installer, surgir comme à l'improviste, sont aujourd'hui ceux qui la veulent, sinon le plus franchement dans son application, du moins le plus fermement en principe. — C'est comme *un mariage de raison* fait par la main du peuple, et ces sortes d'unions, dans lesquelles le cœur peu consulté ne court point risque de s'égarer, offrent parfois des avantages qu'il ne faut pas méconnaître. — En politique, on doit savoir accepter ceux qui viennent franchement à vous, sauf à tenir le gouvernail d'une main ferme et sûre, comme le font tous ceux qui savent ce qu'ils veulent et d'où ils sont partis.

A chacun son rôle : — au chef, la manœuvre ; — aux nouvelles recrues de prendre place dans le cortége et de suivre. Mais ici, ô Parisiens, et c'est une remarque que vous avez tous faite assurément, les derniers venus, — ceux qui avaient cru à la nécessité d'une Régence, ont voulu donner le ton dans ce concert improvisé. Or, cela était impossible. Ces prétentions ne sont pas nouvelles ; elles ont, en général, leur raison d'être dans des hésitations qui n'échappent guère à l'observateur placé aux premiers rangs, et qui trahissent beaucoup plus l'embarras de la victoire qu'une vive foi dans ce qui se passe. — Quelques hommes, qui à force de prêcher journellement la République avaient fini par ne plus y croire, ont pu éprouver de ces incertitudes. Nous ne leur en faisons pas un reproche, mes chers auditeurs ; nous disons seulement qu'en de tels cas, et quand survient un triomphe qui vous prend quelque peu au dépourvu, l'on est peu scrupuleux sur le chapitre des alliances. Or, il arrive alors infailliblement ceci : la queue veut mener la tête.

C'est ce qui a lieu en ce moment. Et c'est dans ces chemins de traverse, il faut bien le dire, que vont en général s'engager et se perdre les hommes plus soucieux de leur propre élévation, de leur avenir, que du triomphe de l'idée qu'ils eurent mission de servir. — On ne veut pas courir le risque d'être abandonné sur la grève, et l'on consent à livrer une à une toutes les forces, toutes les tendances de sa politique à l'ennemi.

Voilà comment opèrent ceux que le soin de leur fortune préoccupe plus que la grandeur du pays!...

Or, et il ne faut pas qu'on s'y trompe, la République subit en ce moment les conséquences de cette fatale conduite. — La gauche parlementaire est là qui attend son tour, et l'on court grand risque d'être ramené juste au point où étaient ses chefs lorsque la dynastie du Palais-Royal a été sommée de quitter la scène politique. — En révolution, il faut avancer ou reculer : l'on est fatalement soumis à deux fortes tractions en sens contraire. Ceux qui vous pressent de revenir sont tout aussi ardents que ceux qui veulent avancer. — Entre ces deux forces qui vous sollicitent également, il faut choisir, sous peine de tomber aussitôt.

Les esprits qui possèdent à un certain degré le don de seconde vue, et qui sont animés de l'amour de leur pays, n'hésitent pas, dans de tels cas, à se prononcer ouvertement en faveur de l'avenir contre ce que le bon sens public et les nécessités d'une époque ont définitivement jugé, condamné. Ainsi firent Washington, Franklin et les véritables hommes d'État qui veulent fonder sur des bases solides la sécurité, la grandeur, la prospérité de leur patrie.

Tout cela est quelque peu loin de ce que nous voyons à cette heure.

Ce qui juge au surplus et les hommes et les idées en temps de révolution, c'est l'attitude des partis contraires.

Rien qu'à voir l'empressement que mettaient les suppôts les plus compromis du régime déchu à incliner devant le nouveau pouvoir et la toge et l'épée, il était clair et manifeste, pour les esprits les moins expérimentés, que la révolution était marquée du sceau des grandes et fortes choses : la NÉCESSITÉ. — La jeune République n'avait pas dès lors à demander pardon à Dieu et aux hommes d'être venue, et d'avoir ainsi troublé la quiétude des maîtres de la veille. Il n'y avait donc pas lieu de chercher à entrer en composition avec eux. Que son intronisation, après une lutte de quelques heures, fût le résultat d'une victoire inespérée, d'un coup de fortune, comme on l'a dit et répété, cela importe peu, vraiment. Le télégraphe qui suffisait à l'installation de la République par toute la France et sans coup férir, l'accueil que recevait partout cette noble fiancée du peuple de Février, tout cela disait assez quelles difficultés, quelle série de luttes, de malheurs eût rencontrée la Régence si l'on se fût arrêté un seul instant à ce dangereux expédient. Sans parler de tout ce que le sentiment d'égalité qui domine en France a développé d'instincts démocratiques depuis vingt-cinq ans, qui ne voit, qui ne comprend à cette heure que l'institution royale avait cessé d'être susceptible d'application? — Définitivement devenue suspecte, antipathique à la liberté, la Royauté ne pouvait plus rien pour l'ordre, cela est constant, avéré, et cela suffisait à juger la question. — La République prenait une place qui n'était plus tenable pour le principe monarchique : rien n'est plus certain.

Les esprits libres de toute affection politique, les hommes *désintéressés* en ces matières, ne se méprirent pas sur la position. Ils vinrent sur-le-champ offrir leur concours avec cet élan, cette effusion qui disent mieux que les paroles la foi dont on est animé pour une nouvelle institution. La haute finance ouvrait ses caisses pour venir au secours d'un trésor laissé vide ; ce fut à qui porterait son offrande au pouvoir nouveau, et l'épargne de l'ouvrier vint se mêler généreusement aux avances patriotiques des contribuables de tout rang et de tout étage.

Au dehors, c'était mieux encore : — les trônes agités par cette grande commotion roulaient en éclats, laissant ainsi la France dégagée de tout souci, de toute appréhension extérieure.

Situation admirable, situation sans exemple, citoyens, pour organiser, fonder enfin librement, grandement et à tout jamais dans la patrie de Hoche, de Carnot, de Marceau, notre jeune République !...

Ce que tout cela est devenu en quelques mois, comment on a parcouru successivement tous les degrés de la misère et de l'impuissance ; — comment l'incertitude et le soupçon ont pris partout la place de cet indicible élan : il est plus facile de le signaler que de le comprendre.

L'histoire de ces premiers temps aurait bien de la peine, quelque impartiale qu'on voulût la faire, à rendre raison de

cette décadence. — Tout ce qu'il est permis et possible d'es-
sayer, c'est en prenant les termes extrêmes de cette situation
étrange, anormale, de les mettre en regard pour tirer quelque enseignement de ce que nous voyons.

Les élections faites en dernier lieu, dans la capitale par-
ticulièrement, ont une haute portée; il convient d'en fixer
le sens : pour cela il faut revenir sur quelques faits trop
oubliés.

Que voit-on, que remarque-t-on au moment où le peuple
est aux prises avec la dynastie qui va périr?

Le nom de M. Thiers, celui de M. Molé, jetés à la foule,
n'ont d'autre vertu que d'aviver la lutte, d'ajouter à l'ir-
ritation. Le combat continue et les mille voix du peuple re-
poussent une composition abritée sous un tel patronage :
l'abdication elle-même arrive trop tard, — la dynastie est
emportée.

Le jour des élections approche cependant, et les vainqueurs semblent revenus à plus de calme. L'ancien prési-
dent du conseil du 12 mars n'ose toutefois frapper à la
porte du collége électoral; il se tient prudemment à l'écart.

Et que remarque-t-on un peu plus tard, à trois mois de
distance de cette mémorable lutte?

Le nom de ce même M. Thiers surgit, il fait fortune dans
un certain monde; on court après, on s'en empare, et la
révolution a déjà perdu tout le terrain conquis en février.
Cela se passe, non pas seulement au dehors, dans quelque
département lointain, non; — outre que le vent de la fa-

veur souffle de plusieurs points à la fois, dans Paris même, dans Paris, M. Thiers triomphe, et ce triomphe facile, général, éclatant, tient véritablement de l'expiation publique !

Toutefois M. Thiers, qui a de l'esprit, ne se fie pas trop à cet éclatant succès ; il voit parfaitement que ceux qui le prennent par la main, qui le patronent et le poussent, *sont malheureux en amour comme en guerre,* et son triomphe le touche médiocrement.

Eh ! n'y a-t-il pas, en effet, à côté de cette ovation, qui contraste assez vivement avec les évolutions de février, ne remarque-t-on pas l'arrivée de certains hommes dont le nom agite jusqu'en ses fondements la Propriété?... Les choses ont marché en quelques semaines ; — de hautes personnifications socialistes ne sont plus réduites, on peut le voir, à se tenir sur le dernier plan et presque hors de portée dans le champ de l'éligibilité. MM. Proudhon, Pierre Leroux, abordent hardiment cette fois le scrutin, et la Capitale elle-même les marque du sceau de la représentation nationale. Or, ce n'est point là, hommes de peu de foi qui voudriez pouvoir nier notre révolution, un fait de pur hasard et qui ne dit rien à l'esprit ; — non, en vérité ; c'est une longue étape faite en dernier lieu par la milice électorale sur le terrain du Socialisme.

Et vous avez pu voir qu'il s'en est fallu de peu de chose que ces choix, remarquablement accentués, ne fussent en bien plus grand nombre.

De telles nominations étaient au moins nécessaires pour tempérer l'éclat un peu vif qu'eût jeté sans cela l'astre de M. Thiers.

Mais sans parler de cet énergique contraste et sans qu'il soit besoin d'en tirer avantage, un homme, en qui l'on peut dire que la révolution de février vit tout entière, vient planer au-dessus des triomphes du grand orateur dynastique de la veille. Cet élu du peuple voulut, dans un accès de noble susceptibilité, se purifier par la nouvelle épreuve du suffrage universel et forcer ainsi au silence d'indignes attaques. Près de cent cinquante mille suffrages sont venus couvrir Caussidière de leur haute faveur, et l'ancien préfet de police est revenu à son banc, non sans avoir laissé bien loin derrière lui tous les autres élus et M. Thiers lui-même. — Voilà comment, chers concitoyens, la révolution est près de reculer.

Puis, et c'est là, en ce temps de petites choses, un grand événement, l'événement du jour; puis est entré par cette large porte du vote universel l'héritier d'un grand nom, l'homme dont la présence est traitée à cette heure comme un danger public, — Louis Napoléon Bonaparte, — lequel n'a point encore, que nous sachions, fait retentir de l'Adige au Rhin, du Rhin aux Pyramides, un nom fort pesant à porter...

Ainsi, et pour nous résumer, la République, au bout de quelques mois, est d'une part, sans façon, coudoyée par ceux qui, n'en voulant point d'abord, n'osaient la regarder en face; ailleurs elle est forcée de défendre et de venger des plus cruelles avanies l'un de ses plus fermes soutiens; enfin, pendant qu'ici c'est la chose publique qui apparaît dans sa plus haute expression socialiste, il semble par ailleurs que le principe républicain soit sur le point d'abdiquer entre les mains d'un nouveau César !...

Manifestations étranges qui trahissent toute la vivacité de l'antagonisme, en même temps qu'elles accusent une situation tendue et des positions qui se dessinent largement. — Cela devait être : en politique et surtout en temps de révolution, les malentendus ne durent pas longtemps. — L'habileté consiste précisément à couper court à l'équivoque pour n'avoir pas à guerroyer sans fin un peu plus tard.

« Qu'a-t-on fait de cette France que j'avais laissée si brillante ? » disait à son retour d'Égypte le jeune vainqueur qui cherchait des prétextes pour colorer son usurpation. *« J'avais laissé la France en paix, je retrouve la guerre... »*

On sait le reste. — La main du guerrier saisit les rênes que la faiblesse du Directoire laissait flotter au gré des événements.

En voyant ce qui se passe, en rapprochant la situation présente de ce qu'elle était aux premiers jours de la révolution, qui ne voit, peuple de février ! que nous revenons en ce moment sur les annales de notre propre histoire ?... Chacun sera frappé de la similitude des situations.

Que signifient, en effet, les élections récentes, et que veut dire cette expression énergique du dernier scrutin ?...

— « Nous vous avions livré, nous vous avions fait une France remplie d'élan, pénétrée d'un saint enthousiasme, s'écrie à son tour le peuple de Paris ; — confiante dans vos lumières, toujours sûre d'elle-même, elle était prête à tous les sacrifices...

« Le trésor était vide, — l'argent a bientôt afflué de toutes parts : hommes de finance, corporations d'ouvriers, fonctionnaires, contribuables de tout rang, sont venus à vous les mains pleines, vous disant : Prenez et Marchez, — nous compterons après.

« L'ordre était nécessaire, la sécurité indispensable à la reprise des affaires, c'est-à-dire à la vie, à l'alimentation du pays. — Du haut de ses barricades, le Peuple a fait lui-même la police, et jamais avec l'émotion qu'entraînent à leur suite de grands événements, jamais police mieux faite, jamais plus de sécurité ; — c'était *de l'ordre avec du désordre,* vous disait encore merveilleusement naguère l'homme de nos affections, Caussidière, qui lui n'est pas resté au-dessous de sa mission, sans doute parce qu'il porte un grand cœur...

« Vous aviez besoin de pouvoirs illimités ; nous vous avons armés de la dictature la plus large ; — point de loi, point de droit acquis qui aient pu se croire à l'abri des justes exigences de la situation ; — et le dévouement fut tel au sein du pays, qu'on a plus d'une fois étouffé des plaintes légitimes, tant on avait à cœur de vous seconder.

« Ainsi, nulle part la France ne vous fit défaut ; et quant à des hostilités un peu considérables, outre que vous n'avez pas été réduits à les redouter, il vous a suffi de quelques nobles paroles, de quelques chaleureux accents, — vous le reconnaissez vous-mêmes, — pour traverser des moments difficiles, et remplir jusqu'au bout votre mission.

« Or, *qu'avez-vous fait,* après trois mois et plus de cette situation si merveilleusement disposée? où sont aujourd'hui les forces de notre jeune République? qu'est devenue sa grandeur incontestée? que reste-t-il de cette sécurité qui renaissait à la voix du peuple, plus profonde, plus générale, plus féconde en grandes choses qu'auparavant? Où sont aujourd'hui la foi, le dévouement au pays, le pouvoir, les affaires et le crédit? Qu'avez-vous fait enfin, après ces longs mois d'un règne non contesté, qu'avez-vous fait de la fortune de la France?...

« Pourquoi ce malaise qui continue à nous oppresser, à nous affamer, faut-il dire, et que savez-vous en politique si vous ne savez pas que les grands Pouvoirs créent de grands Devoirs? —

« Eh quoi! c'est à vous quereller, c'est à vous faire ensemble une guerre de coulisse et de chausse-trapes, que vous passez le temps? Votre soin, votre unique étude consistent à regarder dans la rue pour voir le temps qu'il fait, afin de deviner le temps qu'il fera demain, de manière à vous réserver pour les jours suivants! C'est à cela que quelques hommes appliquent leurs hautes facultés, et pendant ce temps la grande affaire du moment, notre affaire à tous, va de mal en pis...

« C'est donc à la France d'aviser; — la France avisera, hommes de peu de foi; et les nouvelles élections sont pour elle une solennelle occasion de manifester son légitime mécontentement. »

L'urne électorale interrogée a dit, en effet, son dernier mot, et ce mot est de nature à faire réfléchir; voyez plutôt:

— Caussidière, puissante et noble incarnation de la Révolution de Février, grandi de vingt coudées;

M. Thiers, devenu possible, que dis-je, élevé d'hier seulement par les nouveaux Stuarts à la hauteur d'une menace;

Pierre Leroux, Proudhon franchissant ensemble d'un pas délibéré les degrés du Temple républicain ;

L'Empire posé, suivant quelques-uns, en face de la République et prêt à profiter de ses fautes.

Voilà plus qu'il n'en faut pour être frappé de la gravité des circonstances ; — le moment semble enfin venu de gouverner la France d'un peu haut.

On ne parle que pour mémoire de ceux qui, n'ayant pas le courage d'une franche ambition, mettent leur habileté à filer une intrigue pour jouer au besoin le jeu du général Monck, faute de pouvoir se dresser sur les étriers du *Protecteur*. — De tels hommes n'ont pas de lendemain, et se prennent fort gratuitement au sérieux : passons.

—La situation ramenée à ces termes, il est assurément facile d'en fixer le sens, car elle n'est complexe qu'en apparence.

Or, et en premier lieu, que vient faire M. Thiers?

Que veut, que peut vouloir, d'autre part, l'Empire dans ce côte-à-côte de la République démocratique et sociale? Tout cela a-t-il l'importance qu'on y attache?

Le principe républicain est-il véritablement en danger, ou bien va-t-il se dégager plus brillant et plus fort de cet amas de langes sous lesquels il semble étouffer? La République n'aurait-elle un moment brillé à l'horizon que pour donner la mesure de son impuissance et faire preuve d'une malheureuse infécondité? Le char populaire va-t-il enfin honteusement s'embourber dans quelque obscur chemin de traverse, après avoir vu s'abaisser devant lui toutes les barrières, vu tous les visages s'épanouir et les cent bras du peuple lui donner une vive impulsion?

Est-ce là, vainqueurs de Février, ce qui vous attend après tant de peines, — sans compter le sang répandu ?

Oh ! non assurément. — Pour certaines mauvaises manœuvres dues à l'inintelligence de quelques hommes peu à la hauteur de leur emploi ; — pour quelques mesures financières qui sont venues frapper inconsidérément les meilleurs amis de la République, et chercher l'argent *là où il n'était pas*, lorsqu'il était si simple, *par voie d'emprunt forcé*, loyalement assis sur l'honneur même de la nation, de le prendre *là où il était*; — ah ! pour toutes ces choses, la République ne périra pas, je vous jure. — Seule elle n'appréhende pas de lendemain.

MM. Thiers, Caussidière, P. Leroux, Proudhon, Louis Bonaparte lui-même entrant au sein de l'Assemblée des représentants, pour y prendre chacun la place qui lui appartient, ne veulent dire qu'une chose :

Le temps presse ;

La France est lasse ;

Lasse de sa misère, et plus encore peut-être de la misère de quelques personnages qui appliquent leur savoir à se ménager pour toutes les éventualités possibles.

Ce n'est pas la capacité qui manque, car, Dieu merci, les affaires de tout ce monde ne sont point jusqu'ici trop mal menées ;

Ce qui manque, c'est le courage, l'abnégation : — l'amour du pays dans sa plus large acception ;

Or, en ces temps de crise et de rude labeur :

Point de courage politique, point d'abnégation, — pas de gouvernement ;

Pas de gouvernement? pas de sécurité, point d'affaires ;
— pas d'affaires? point de bien-être, pas plus en haut
qu'en bas.

Cette calamité publique, il faut la secouer, il faut sortir *à
tout prix* et le plus tôt possible de cette impasse déplorable ;
car les gouvernements n'existent qu'à une condition, c'est
qu'ils sauront fonder, garantir dans la plus large mesure
possible le bien-être individuel, et par suite la prospérité
publique.

Représentants de la France, hommes du pouvoir, man-
dataires à tous les degrés du pays, qui vous mit un jour
où vous êtes pour faire ses affaires aux meilleures conditions possibles, — le moment est venu de vous recueillir
et d'aviser sérieusement. Que si cela continuait, le peuple
est prêt, comme toujours, à avoir du courage pour ceux
qui n'en ont pas, et rien ne lui coûtera pour sauver la
France d'elle-même en ces temps de lâche abandon !...

Arrière donc, arrière les minces calculs, les petites rivalités, les guerres de petite église et de coterie, toutes
choses à peine croyables au sein d'un pouvoir fortement
assis, largement constitué, et vous n'êtes rien de tout
cela ! Comptons enfin, comptons une bonne fois avec les
circonstances : elles sont graves. — Il existe, assure-t-on,
quelque part des esprits d'une incontestable valeur,
des hommes indispensables ; que ces génies méconnus,
que ces puissances de premier ordre se mettent inconti-
nent à l'œuvre, et que le salut du pays soit remis dans des
mains assez fortes, assez intelligentes pour s'en charger.

—Approchez, M. Thiers, puisque c'est de vous qu'il s'agit

et que votre heure semble venue, ce dont personne, vous en conviendrez, ne se doutait il y a six semaines.—Va donc pour M. Thiers... La France est assez forte pour accepter le concours de tous ses enfants d'où qu'ils viennent, quelque nom qu'ils portent et quoiqu'on ait fait en d'autres temps une assez triste expérience de certains d'entre eux. Se serait-on trompé à certains égards? l'erreur peut être aisément réparée.

Allons, homme de grande intelligence et de dextérité profonde, le moment est pour vous venu de montrer ces rares qualités; l'occasion est belle, veuillez donc nous conter, puisqu'on le croit utile, *veuillez conter encore un de ces vieux contes que vous contez si bien*, et qui nous ont conduits où nous voilà... cela vous regarde.

Nos tenants, les tenants du peuple de Février, entendez-vous, — de ce peuple de Paris qui est devenu le peuple-roi, parce que la royauté n'est plus à la taille d'aucun homme,— nos tenants sont bons : Caussidière, P. Leroux, Proudhon, Ch. Lagrange, Cavaignac et bien d'autres presque ignorés encore à cette heure. — Allez, M. Thiers, liberté plénière; la France a besoin, nous le croyons franchement quant à nous, d'être finalement édifiée à l'endroit de l'empirisme politique. Le moment est venu d'en finir avec les fictions, avec les noms qui promettent longtemps, — longtemps, et puis longtemps encore!...

—Quant à Louis Bonaparte, que veut dire l'émotion dont nous sommes témoins et pourquoi tout ce bruit trouble-t-il à cette heure les méditations du nouveau Directoire? La République serait-elle sérieusement menacée? Certes, la

France honore en quelques-uns de ses enfants la gloire d'un grand nom, cette gloire, qui est bien un peu celle de la nation tout entière, sans pour cela cesser d'être le patrimoine d'une noble famille ; mais à cela se bornent ses préoccupations.—De l'audace, du cœur, de l'esprit, voilà, disent ceux qui connaissent le fils de la reine Hortense, ce qu'on admire en lui. S'il en est ainsi, jamais plus brillante occasion ne s'offrit de se servir de tout cela, et c'est le cas assurément d'incliner son nom et sa personne devant l'image de cette République qui nous a tant coûté de larmes et de sang !..
— *Dieu nous l'a donnée, malheur à qui la touche :* voilà ce que le peuple écrivit en caractères fort lisibles, quoique assez déliés, sur le socle de la statue... et cela doit suffire.

Non, ce n'est pas pour être emportée comme une feuille au vent que la République aurait à son tour accepté l'hommage du peuple. —Non, il n'est pas vrai, nobles enfants de Paris, que l'on compte sur vous pour faire un tel retour sur vous-mêmes ! La liberté et la gloire sont sœurs dans cette France que son grand Empereur savait si bien juger ; — et lorsque le pays, par l'expression de son libre suffrage, a couvert récemment de ses sympathies Louis Napoléon, le scrutin a seulement voulu protester contre la longue humiliation infligée au nom français par les passions cupides, la pusillanimité du dernier règne.

Le pays en ce moment, par cette triple élection, crie à nos gouvernants qu'ils pèchent surtout par le défaut de courage, le manque d'initiative. —Il leur dit qu'ils pourraient, sans brûler une amorce et sans dépenser un écu, peser de tout l'ascendant d'une grande nation sur l'Europe à bout de voies. Ce n'est pas de conquêtes qu'il peut être question à cette heure ; mais bien par une ferme attitude, par le caractère des négociations et des agents au dehors, de donner enfin aux peuples qui marchent comme nous dans les voies de l'émancipation politique, l'espoir et le courage qui peuvent seuls les soutenir.

Louis Bonaparte, nommé, proclamé à Paris, dans l'Yonne et ailleurs, ne veut, ne peut vouloir dire qu'une chose : — la France se souvient toujours d'avoir été *la grande Nation.* M. Thiers, M. Lamartine lui-même le lui ont répété cent fois dans d'immortelles pages consacrées à la glorification de ses grandeurs passées ; la nation ne veut pas divorcer avec la gloire. S'il fallait remonter un peu haut pour avoir l'explication de cette honorable susceptibilité, si fatale à deux dynasties, l'on retrouverait, avec le génie frondeur des Gaulois, cette brillante bravoure, qui n'a rien de commun avec le talent d'*équilibriste* dont une Médicis ou un Mazarin faisaient cas, et que méprise la France moderne.

Il ne s'agit ici, il ne peut être question de *Prétendant*, et c'est compris de tout le monde. Le suffrage des électeurs n'a voulu qu'une chose, honorer un grand nom et faire connaître aux gouvernements quelles conditions le peuple de Février, ces héros des barricades, mettent à leurs sympathies. — Mais où donc serait l'homme, alors que les noms les plus éminents durent à peine quelques jours et viennent forcément s'ajouter les uns aux autres, où serait l'homme, disons-nous, qui pourrait compter absorber en lui toute la vitalité de l'époque actuelle ?...

La République ! elle vivra, entendez-vous, enfants de

Paris, puisque la nation l'a acceptée ; seule elle est désormais possible, parce que seule elle peut fournir largement à la consommation d'hommes et de choses qu'exige le temps présent. — Celui-ci abattu, emporté dans la guerre ou dans la paix, un autre est là qui le remplace, et l'humanité suit ainsi une marche constamment ascendante.

Ceux donc qui se préoccupent parce que tel nom est porté à leurs oreilles par les mille échos de la foule, ceux-là ne vont pas au fond des choses ; ils voient dans cette circonstance toute naturelle, et qui prouve que le souvenir des grandes choses ne meurt pas en France ; ils voient dans ce fait ce qui n'y est pas en réalité : une sorte d'apothéose s'attaquant à la République même.

— Cela n'est pas, et le peuple ne va pas si loin que certains hommes.

Ce même peuple de Paris a nommé Caussidière et Louis Bonaparte ! rapprochement qui en dit plus que tous les commentaires. Il est clair, en effet, que l'un de ces choix réduit l'autre aux simples proportions d'un hommage payé aux illustrations de la France.

—Caussidière, grande et belle nature qui a su se tenir de toute sa taille durant ces trois longs mois ! Le peuple est revenu vers lui avec un saint enthousiasme, car il n'abandonne pas, comme on croit, du jour au lendemain, ceux qui sont *siens* par la pensée et par le cœur. L'ancien préfet de police ne regarde pas en arrière, puis à côté, puis aux alentours, pour savoir comment il doit agir et se conduire. Aussi, tout Paris, riches et pauvres, républicains d'ici, de là, chacun est allé à lui, parce que cet homme a foi en quelque chose, alors que beaucoup d'autres semblent avoir oublié leur *Credo*.

La révolution et Caussidière se comprennent merveilleusement, et c'est ce que M. de Lamartine, avec son admirable et rare intuition, a parfaitement saisi.

Ainsi, en somme, il n'y a pas trop à s'enquérir de M. Thiers, pas plus qu'on ne doit se préoccuper de Louis Bonaparte. — Innocents regrets, naïves espérances d'un côté, pendant qu'ailleurs on s'exagère l'importance d'un nom et qu'on semble prendre maladroitement à tâche de gratifier d'un piédestal celui qui sans cela se trouverait réduit aux proportions ordinaires. — Telle est la situation exacte en ce qui concerne ces deux nouveaux élus; la chambre a fait sagement de valider l'élection de Louis Bonaparte. S'il est *petit, il restera petit*, disait hier dans un de ces mille groupes le bon sens d'un enfant du peuple qui voulait qu'on respecte en Louis Napoléon l'élu du suffrage universel.

Pour ce qui est des socialistes nouvellement nommés, Pierre Leroux, Proudhon et tous ceux venant à la file, ils semblent placés là comme pour observer de plus près le système, les actes de la classe moyenne, laquelle classe s'est jusqu'ici montrée, il faut bien le dire, peu habile dans le maniement du pouvoir. Que les hommes qui ont eu jusqu'à ce jour la direction des affaires travaillent à la retenir lorsqu'elle est sur le point de leur échapper, il n'y a rien d'étonnant à cela ; mais, pour Dieu, messieurs du tiers-état, appliquez-vous enfin à justifier un peu de telles prétentions. Il en est bien temps,

Les illusions perdent en général ceux qui gouvernent. L'arrogance, le manque d'instruction des hautes classes, le large mépris qu'elles professaient pour la roture fut ce qui les perdit lors de la première Révolution. Or, à cette époque, il n'existait que peu ou point de partisans de la République dans l'Assemblée nationale ; c'était les Proudhon, les Pierre Leroux du temps. — Demandez plutôt à M. Buchez qui possède là-dessus des notes fort exactes, et qui n'a plus, ce semble, que des souvenirs confus.

Trois ans plus tard la France était en pleine République.

La politique, comme toutes les grandes applications sociales, a ses lois dont elle ne s'écarte guère. Insensiblement la marée monte, elle envahit la plage, et il n'est plus temps de prendre aucune disposition contre la puissance du flot ascendant. — Les systèmes, les vues plus ou moins nettes du Socialisme moderne sont loin sans doute de donner le dernier mot de la science à cet égard ; mais leur apparition sur la scène politique, leur importance qui s'accroît visiblement, tout cela est symptomatique et ne saurait être dédaigné ou traité légèrement.

Eh ! qu'on le remarque, ce n'est pas seulement la presse qui se fait peuple et descend dans la rue ; c'est la controverse, la discussion incessante ; la place publique est le vaste congrès où se traitent journellement, d'homme à homme, sans acception de rang et de fortune, les questions de salaire, de concurrence, de politique intérieure et extérieure les plus émouvantes. — Le moyen, après cela, de ne pas compter sérieusement avec celui que le droit de libre discussion met ainsi aux prises avec vous et rend votre égal ? — La société est faite aujourd'hui à l'image de la rue : chacun se touche, se coudoie, résolu d'obtenir sa part d'air et de soleil.

Qu'on n'aille pas croire que toutes ces tendances de l'individualisme, qui dans les sociétés modernes sont de plus en plus vives, mettent la République en péril.

Ce serait fort mal raisonner, et le contraire est manifeste.

C'est parce que la société française a été durant le dernier règne démesurément travaillée par tous les entraînements de la corruption, de l'égoïsme, qu'il n'y a de possible aujourd'hui chez nous qu'un système politique fonctionnant avec force, impitoyablement, en quelque sorte, au point de vue de l'intérêt du plus grand nombre, du droit de tous, c'est-à-dire de l'honneur national, de la justice et de la vérité. — La République a seule assez de puissance pour être, au dix-neuvième siècle, ce gouvernement fort que rien n'affecte et ne détourne des nécessités du temps présent. Là se rencontre, croyez bien, la raison de son existence, de son maintien comme de son avénement. Et puis, elle seule peut faire de nobles choses, parce qu'elle marche appuyée sur le consentement de tous, sur cette volonté générale que chacun est bien forcé de respecter.

Les républiques italiennes fleurirent, on le sait, au sein d'une société tout aussi avancée que la nôtre, sous le rapport du développement intellectuel et des mœurs. Ce qui amena leur chute, ce ne fut pas la corruption générale, mais les rivalités de ville à ville, d'État à État, et c'est ainsi tour à tour que furent affaiblies et Venise, et Florence, et Milan,

que l'étranger ruina, mettant à profit les divisions qui tra-
vaillaient l'Italie entière.

Mais, de nos jours, où est la guerre de conquête qui serait
à craindre?... quelle est la nationalité en péril, avec
cet immense développement industriel, ces ramifications
que les chemins de fer établissent incessamment, mettant
tous les peuples en contact et multipliant les moyens d'é-
change?... Il n'y a véritablement à se préoccuper que d'une
guerre de tarifs et de l'équilibre européen au point de vue
de la réforme douanière; — à ce compte, l'on peut asseoir
sans crainte sur de larges bases le régime républicain.

Ne voit-on pas, du reste, ce qui se passe autour de nous?
Ces trônes agités jusqu'à la base, et qui cherchent vainement
leur assiette première; ces États qui vont se transformant,
ces races qui se cherchent au seul bruit de notre Révolution,
tout cela ne nous dit-il pas que la République n'a rien à
craindre ni à espérer de l'esprit de conquête?...

Aussi, à quoi pensait-on de faire reconnaître par la Prusse
ou l'Autriche notre nouveau gouvernement? Encore des
réminiscences qui constituent un triste anachronisme dans
l'état présent de l'Europe. C'est maintenant, quand tout
croule et s'abat autour d'elle, sans que l'épée de la France
soit sortie du fourreau; c'est aujourd'hui que l'on peut dire
de la République qu'elle est comme le Soleil qui brille à
l'horizon, et n'a pas besoin d'être reconnue. Ce serait bien
plutôt à l'Autriche, à la Prusse de dire ce qu'elles veulent
décidément qu'on *reconnaisse* en elles, au train dont vont
les choses sur le Danube et sur l'Oder.

Et voilà, enfants de Paris, peuple d'un sens exquis, voilà

comment les vieilles habitudes qui ont perdu tous les gouvernements, ce qu'on appelle *les Traditions*, font déchoir le génie politique et le conduisent aux plus tristes aberrations. — M. de Lamartine, dans son manifeste à l'Europe, avait parlé d'une tout autre hauteur. Aussi avait-il été compris de tout le monde, — sans que la paix en ait été troublée un seul instant.

Qui donc l'a fait descendre, alors que la nation tout entière le suivait sans effort à cette merveilleuse hauteur? Pourquoi cette abdication publique du bon sens et des nobles pensées? Certes il n'est pas donné à tout le monde d'être, dans de certains moments, à la taille d'un grand peuple. C'est là le privilége de quelques hommes, et ce privilége, il faut savoir le défendre contre les atteintes de la médiocrité lorsqu'on le possède.

En temps de Révolution, ce sont les grands cœurs qui gouvernent; seuls ils peuvent répondre à toutes les exigences d'une situation exceptionnelle. — C'est ainsi qu'alors que la patrie était en danger, Cambon organisait, décrétait en quelque sorte le crédit public, pendant que Carnot organisait la victoire; — les mâles courages de l'Assemblée s'enfermaient dans Mayence qu'ils défendaient au péril de leur vie, pendant que Boissy-d'Anglas, n'obéissant qu'à lui seul dans un moment de danger suprême, saluait avec respect la tête du représentant Féraud!

Aujourd'hui, comme alors, c'est par le cœur, et le cœur seulement, qu'on peut gouverner la France. — Les calculs mesquins, les instincts de la personnalité trop écoutée finiraient par perdre les seuls pouvoirs publics qui soient debout ; — le Peuple n'est disposé à leur rendre un public hommage qu'à une condition : — c'est qu'ils se tiendront de toute leur taille.

La postérité *a beaucoup pardonné* à ces hommes qui remplirent, il y a cinquante ans, une rude et pénible tâche ; c'est qu'ils avaient *beaucoup aimé* la France au jour du danger !...

Aujourd'hui, c'est le cœur qui manque, le dévouement de l'heure, du moment. Chacun veut se *réserver*, et les affaires périclitent de plus en plus.—Chaque moment de retard prolonge l'anxiété, c'est-à-dire la misère publique, — et voilà, chers concitoyens, vainqueurs de Février, ce que nul de vous n'entend et ne veut.

C'est pourquoi, dans ces derniers temps, l'urne électorale a parlé un rude et sévère langage : — *il faut des hommes* qui puissent et veuillent enfin avoir raison de la situation : — le temps presse.

— Le peuple a dit son dernier mot :

— Au Pouvoir de faire le reste.

Paris, 15 mai 1848.

PIERRE LHERMITE.

BIBLIOTHÈQUE NATIONALE
R. F.
ESTAMPES

www.ingramcontent.com/pod-product-compliance
Lightning Source LLC
Chambersburg PA
CBHW061646050726
47598CB00004B/1466